Les cercles de l'amour

pour clarinette, alto et violoncelle

op.37-b.1988.

2

3

Les cercles de l'amour
pour clarinette, alto et violoncelle

Denis LEVAILLANT
op.37-b.1988.

© 1996 by Éditions DURAND
215, rue du Faubourg St-Honoré
75008 PARIS

D. & F. 14870

Dépôt légal 1701

2

Les cercles de l'amour
pour clarinette, alto et violoncelle

Partition transposée

Denis LEVAILLANT
op.37-b.1988.

© 1996 by Éditions DURAND
215, rue du Faubourg St-Honoré
75008 PARIS

D. & F. 14870

Dépôt légal 1701
Tous droits réservés
pour tous pays.